MW00743978

Please return to:

_____
_____
_____
_____
_____
_____

CoolJournals.net

Cover and page design by Cool Journals Studios - Copyright 2013

ISBN-13: 978-1494394875
ISBN-10: 1494394871

_____

recipe

serves_____prep time_____cook time_____oven temp_____

Ingredients

Directions

Notes

_____
recipe

serves_____prep time_____cook time_____oven temp____

Ingredients
_____

Directions
_____

_____   _____
_____   _____
_____   _____
_____   _____
_____   _____
_____   _____
_____   _____
_____   _____
_____   _____
_____   _____
_____   _____
_____   _____
_____   _____
_____   _____
_____   _____
_____   _____
_____   _____

Notes

_____

recipe

serves_____prep time_____cook time_____oven temp_____

Ingredients

Directions

Notes

_____

recipe

serves_____prep time_____cook time_____oven temp_____

Ingredients

Directions

Notes

_____

recipe

serves_____prep time_____cook time_____oven temp____

Ingredients

Directions

Notes

_____
recipe

serves_____prep time_____cook time_____oven temp____

Ingredients

_____
_____
_____
_____
_____
_____
_____
_____
_____
_____
_____
_____
_____
_____
_____
_____
_____
_____
_____
_____

Directions

_____
_____
_____
_____
_____
_____
_____
_____
_____
_____
_____
_____
_____
_____
_____
_____
_____
_____
_____
_____

Notes

_____

recipe

serves_____prep time_____cook time_____oven temp_____

Ingredients

Directions

_____
_____
_____
_____
_____
_____
_____
_____
_____
_____
_____
_____
_____
_____
_____
_____
_____
_____
_____

Notes

_____

recipe

serves_____prep time_____cook time_____oven temp_____

Ingredients

_____
_____
_____
_____
_____
_____
_____
_____
_____
_____
_____
_____
_____
_____
_____
_____
_____
_____

Directions

_____
_____
_____
_____
_____
_____
_____
_____
_____
_____
_____
_____
_____
_____
_____
_____
_____
_____

Notes

_____
recipe

serves_____prep time_____cook time_____oven temp_____

Ingredients

Directions

Notes

_____

recipe

serves_____prep time_____cook time_____oven temp_____

Ingredients

Directions

Notes

_____
recipe

serves_____prep time_____cook time_____oven temp____

Ingredients

Directions

Notes

_____

recipe

serves_____prep time_____cook time_____oven temp____

Ingredients

Directions

Notes

_____

recipe

serves_____prep time_____cook time_____oven temp_____

Ingredients

Directions

_____

Notes

_____

recipe

serves_____prep time_____cook time_____oven temp_____

Ingredients

_____
_____
_____
_____
_____
_____
_____
_____
_____
_____
_____
_____
_____
_____
_____
_____
_____
_____
_____
_____
_____
_____

Directions

_____
_____
_____
_____
_____
_____
_____
_____
_____
_____
_____
_____
_____
_____
_____
_____
_____
_____
_____
_____
_____
_____
_____
_____

Notes

_____

recipe

serves_____prep time_____cook time_____oven temp_____

Ingredients

Directions

Notes

_____ recipe

serves_____prep time_____cook time_____oven temp_____

Ingredients

Directions

_____

_____

_____

_____

_____

_____

_____

_____

_____

_____

_____

_____

_____

_____

_____

_____

_____

_____

_____

_____

Notes

_____

recipe

serves_____prep time_____cook time_____oven temp_____

Ingredients

_____

Directions

_____

_____   _____

_____   _____

_____   _____

_____   _____

_____   _____

_____   _____

_____   _____

_____   _____

_____   _____

_____   _____

_____   _____

_____   _____

_____   _____

_____   _____

_____   _____

Notes

_____

recipe

serves_____prep time_____cook time_____oven temp_____

Ingredients

_____

_____

_____

_____

_____

_____

_____

_____

_____

_____

_____

_____

_____

_____

_____

_____

_____

_____

_____

_____

_____

Directions

_____

_____

_____

_____

_____

_____

_____

_____

_____

_____

_____

_____

_____

_____

_____

_____

_____

_____

_____

_____

_____

_____

Notes

_____

recipe

serves_____prep time_____cook time_____oven temp_____

Ingredients

Directions

_____

Notes

_____

recipe

serves_____prep time_____cook time_____oven temp_____

Ingredients

Directions

_____

_____

_____

_____

_____

_____

_____

_____

_____

_____

_____

_____

_____

_____

_____

_____

_____

_____

Notes

_____

recipe

serves_____prep time_____cook time_____oven temp_____

Ingredients

Directions

_____

Notes

_____

recipe

serves_____prep time_____cook time_____oven temp_____

Ingredients

_____

_____

_____

_____

_____

_____

_____

_____

_____

_____

_____

_____

_____

_____

_____

_____

_____

_____

_____

Directions

_____

_____

_____

_____

_____

_____

_____

_____

_____

_____

_____

_____

_____

_____

_____

_____

_____

_____

_____

Notes

_____

recipe

serves_____prep time_____cook time_____oven temp____

Ingredients

Directions

Notes

_____ recipe

serves_____prep time_____cook time_____oven temp_____

Ingredients

Directions

_____

Notes

_____

recipe

serves_____prep time_____cook time_____oven temp_____

Ingredients

Directions

_____

Notes

_____

recipe

serves_____prep time_____cook time_____oven temp____

Ingredients

_____

_____

_____

_____

_____

_____

_____

_____

_____

_____

_____

_____

_____

_____

_____

_____

_____

_____

_____

Directions

_____

_____

_____

_____

_____

_____

_____

_____

_____

_____

_____

_____

_____

_____

_____

_____

_____

_____

_____

Notes

_____

recipe

serves_____prep time_____cook time_____oven temp_____

Ingredients

Directions

_____

Notes

_____

recipe

serves_____prep time_____cook time_____oven temp____

Ingredients

_____

_____

_____

_____

_____

_____

_____

_____

_____

_____

_____

_____

_____

_____

_____

_____

_____

Directions

_____

_____

_____

_____

_____

_____

_____

_____

_____

_____

_____

_____

_____

_____

_____

_____

_____

Notes

_____

recipe

serves_____prep time_____cook time_____oven temp_____

Ingredients

Directions

Notes

_____

recipe

serves_____prep time_____cook time_____oven temp____

Ingredients

Directions

_____   _____
_____   _____
_____   _____
_____   _____
_____   _____
_____   _____
_____   _____
_____   _____
_____   _____
_____   _____
_____   _____
_____   _____
_____   _____
_____   _____
_____   _____
_____   _____
_____   _____
_____   _____

Notes

_____

recipe

serves_____prep time_____cook time_____oven temp____

Ingredients

Directions

Notes

_____

recipe

serves_____prep time_____cook time_____oven temp_____

Ingredients

Directions

Notes

_____

recipe

serves_____prep time_____cook time_____oven temp____

Ingredients

Directions

Notes

_____

recipe

serves_____prep time_____cook time_____oven temp_____

Ingredients

Directions

Notes

_____

recipe

serves_____prep time_____cook time_____oven temp_____

Ingredients

Directions

Notes

_____

recipe

serves_____prep time_____cook time_____oven temp____

Ingredients

_____

Directions

_____

_____   _____
_____   _____
_____   _____
_____   _____
_____   _____
_____   _____
_____   _____
_____   _____
_____   _____
_____   _____
_____   _____
_____   _____
_____   _____
_____   _____
_____   _____
_____   _____
_____   _____
_____   _____
_____   _____
_____   _____
_____   _____

Notes

_____

recipe

serves_____prep time_____cook time_____oven temp_____

Ingredients

_____

_____

_____

_____

_____

_____

_____

_____

_____

_____

_____

_____

_____

_____

_____

_____

_____

_____

_____

Directions

_____

_____

_____

_____

_____

_____

_____

_____

_____

_____

_____

_____

_____

_____

_____

_____

_____

_____

_____

Notes

_____

recipe

serves_____prep time_____cook time_____oven temp_____

Ingredients

Directions

_____

_____

_____

_____

_____

_____

_____

_____

_____

_____

_____

_____

_____

_____

_____

_____

_____

_____

Notes

_____ recipe

serves_____prep time_____cook time_____oven temp____

Ingredients

Directions

Notes

_____

recipe

serves_____prep time_____cook time_____oven temp_____

Ingredients

_____

_____

_____

_____

_____

_____

_____

_____

_____

_____

_____

_____

_____

_____

_____

_____

_____

_____

_____

Directions

_____

_____

_____

_____

_____

_____

_____

_____

_____

_____

_____

_____

_____

_____

_____

_____

_____

_____

_____

Notes

_____

recipe

serves_____prep time_____cook time_____oven temp____

Ingredients

Directions

Notes

_____

recipe

serves_____prep time_____cook time_____oven temp_____

Ingredients

Directions

_____   _____
_____   _____
_____   _____
_____   _____
_____   _____
_____   _____
_____   _____
_____   _____
_____   _____
_____   _____
_____   _____
_____   _____
_____   _____
_____   _____
_____   _____
_____   _____
_____   _____
_____   _____
_____   _____
_____   _____
_____   _____

Notes

_____ recipe

serves_____prep time_____cook time_____oven temp____

Ingredients

_____
_____
_____
_____
_____
_____
_____
_____
_____
_____
_____
_____
_____
_____
_____
_____
_____

Directions

_____
_____
_____
_____
_____
_____
_____
_____
_____
_____
_____
_____
_____
_____
_____
_____
_____
_____

Notes

_____

recipe

serves_____prep time_____cook time_____oven temp_____

Ingredients

_____
_____
_____
_____
_____
_____
_____
_____
_____
_____
_____
_____
_____
_____
_____
_____
_____
_____
_____

Directions

_____
_____
_____
_____
_____
_____
_____
_____
_____
_____
_____
_____
_____
_____
_____
_____
_____
_____
_____
_____
_____

Notes

_____

recipe

serves_____prep time_____cook time_____oven temp____

Ingredients

_____

_____

_____

_____

_____

_____

_____

_____

_____

_____

_____

_____

_____

_____

_____

_____

_____

_____

_____

_____

_____

_____

Directions

_____

_____

_____

_____

_____

_____

_____

_____

_____

_____

_____

_____

_____

_____

_____

_____

_____

_____

_____

_____

_____

_____

Notes

_____

recipe

serves_____prep time_____cook time_____oven temp____

Ingredients

Directions

_____   _____
_____   _____
_____   _____
_____   _____
_____   _____
_____   _____
_____   _____
_____   _____
_____   _____
_____   _____
_____   _____
_____   _____
_____   _____
_____   _____
_____   _____
_____   _____
_____   _____
_____   _____
_____   _____
_____   _____

Notes

_____
recite

serves_____prep time_____cook time_____oven temp_____

Ingredients

Directions

Notes

_____
recipe

serves_____prep time_____cook time_____oven temp_____

Ingredients

Directions

_____
_____
_____
_____
_____
_____
_____
_____
_____
_____
_____
_____
_____
_____
_____
_____
_____
_____
_____
_____

Notes

_____

recipe

serves_____prep time_____cook time_____oven temp____

Ingredients

Directions

Notes

_____

recipe

serves_____prep time_____cook time_____oven temp_____

Ingredients

Directions

Notes

_____

recipe

serves_____prep time_____cook time_____oven temp_____

Ingredients

Directions

Notes

_____

recipe

serves_____prep time_____cook time_____oven temp____

Ingredients

_____

Directions

_____

Notes

_____

recipe

serves_____prep time_____cook time_____oven temp____

Ingredients

_____

_____

_____

_____

_____

_____

_____

_____

_____

_____

_____

_____

_____

_____

_____

_____

_____

_____

Directions

_____

_____

_____

_____

_____

_____

_____

_____

_____

_____

_____

_____

_____

_____

_____

_____

_____

_____

Notes

_____

recipe

serves_____prep time_____cook time_____oven temp_____

Ingredients

Directions

_____

_____

_____

_____

_____

_____

_____

_____

_____

_____

_____

_____

_____

_____

_____

_____

_____

_____

_____

_____

_____

_____

Notes

_____

recipe

serves_____prep time_____cook time_____oven temp____

Ingredients

Directions

_____

Notes

_____

recipe

serves_____prep time_____cook time_____oven temp_____

Ingredients

Directions

Notes

_____

recipe

serves_____prep time_____cook time_____oven temp_____

Ingredients

Directions

Notes

_____

recipe

serves_____prep time_____cook time_____oven temp_____

Ingredients

_____

_____

_____

_____

_____

_____

_____

_____

_____

_____

_____

_____

_____

_____

_____

_____

_____

_____

_____

Directions

_____

_____

_____

_____

_____

_____

_____

_____

_____

_____

_____

_____

_____

_____

_____

_____

_____

_____

_____

Notes

_____
recipe

serves_____prep time_____cook time_____oven temp_____

Ingredients

_____
_____
_____
_____
_____
_____
_____
_____
_____
_____
_____
_____
_____
_____
_____
_____

Directions

_____
_____
_____
_____
_____
_____
_____
_____
_____
_____
_____
_____
_____
_____
_____
_____

Notes

_____

recipe

serves_____prep time_____cook time_____oven temp____

Ingredients

Directions

_____

Notes

_____

recipe

serves_____prep time_____cook time_____oven temp____

Ingredients

_____

Directions

_____

_____

_____

_____

_____

_____

_____

_____

_____

_____

_____

_____

_____

_____

_____

_____

_____

_____

Notes

_____
recipe

serves_____prep time_____cook time_____oven temp____

Ingredients

Directions

Notes

_____
recipe

serves_____prep time_____cook time_____oven temp_____

Ingredients

_____
_____
_____
_____
_____
_____
_____
_____
_____
_____
_____
_____
_____
_____
_____
_____
_____
_____

Directions

_____
_____
_____
_____
_____
_____
_____
_____
_____
_____
_____
_____
_____
_____
_____
_____
_____
_____

Notes

_____

recipe

serves_____prep time_____cook time_____oven temp____

Ingredients

Directions

Notes

_____

recipe

serves_____prep time_____cook time_____oven temp_____

Ingredients

_____

_____

_____

_____

_____

_____

_____

_____

_____

_____

_____

_____

_____

_____

_____

_____

_____

_____

_____

Directions

_____

_____

_____

_____

_____

_____

_____

_____

_____

_____

_____

_____

_____

_____

_____

_____

_____

_____

_____

_____

Notes

_____

recipe

serves_____prep time_____cook time_____oven temp____

Ingredients

Directions

Notes

_____

recipe

serves_____prep time_____cook time_____oven temp_____

Ingredients

Directions

Notes

_____
recipe

serves_____prep time_____cook time_____oven temp____

Ingredients

Directions

_____
Notes

_____

recipe

serves_____prep time_____cook time_____oven temp_____

Ingredients

Directions

Notes

_____

recipe

serves_____prep time_____cook time_____oven temp____

Ingredients

Directions

_____
_____
_____
_____
_____
_____
_____
_____
_____
_____
_____
_____
_____
_____
_____
_____
_____
_____
_____
_____
_____

Notes

_____

recipe

serves_____prep time_____cook time_____oven temp_____

Ingredients

Directions

Notes

_____

recipe

serves_____prep time_____cook time_____oven temp____

Ingredients

Directions

_____

_____

_____

_____

_____

_____

_____

_____

_____

_____

_____

_____

_____

_____

_____

_____

_____

_____

_____

_____

Notes

_____

recipe

serves_____prep time_____cook time_____oven temp____

Ingredients

Directions

Notes

_____

recipe

serves_____prep time_____cook time_____oven temp_____

Ingredients

Directions

_____

_____

_____

_____

_____

_____

_____

_____

_____

_____

_____

_____

_____

_____

_____

_____

_____

_____

_____

_____

_____

Notes

_____

recipe

serves_____prep time_____cook time_____oven temp____

Ingredients

Directions

Notes

_____

recipe

serves_____prep time_____cook time_____oven temp_____

Ingredients

Directions

_____

_____

_____

_____

_____

_____

_____

_____

_____

_____

_____

_____

_____

_____

_____

_____

_____

_____

_____

_____

Notes

_____

recipe

serves_____prep time_____cook time_____oven temp_____

Ingredients

Directions

_____

Notes

_____

recipe

serves_____prep time_____cook time_____oven temp____

Ingredients

_____

_____

_____

_____

_____

_____

_____

_____

_____

_____

_____

_____

_____

_____

_____

_____

_____

_____

_____

Directions

_____

_____

_____

_____

_____

_____

_____

_____

_____

_____

_____

_____

_____

_____

_____

_____

_____

_____

_____

_____

Notes

_____
recipe

serves_____prep time_____cook time_____oven temp_____

Ingredients

_____
_____
_____
_____
_____
_____
_____
_____
_____
_____
_____
_____
_____
_____
_____
_____
_____
_____
_____
_____

Directions

_____
_____
_____
_____
_____
_____
_____
_____
_____
_____
_____
_____
_____
_____
_____
_____
_____
_____
_____
_____

Notes

_____

recipe

serves_____prep time_____cook time_____oven temp_____

Ingredients

Directions

Notes

_____

recipe

serves_____prep time_____cook time_____oven temp_____

Ingredients

Directions

Notes

_____

recipe

serves_____prep time_____cook time_____oven temp_____

Ingredients

Directions

Notes

_____

recipe

serves_____prep time_____cook time_____oven temp____

Ingredients

_____

Directions

_____

Notes

_____

recipe

serves_____prep time_____cook time_____oven temp____

Ingredients

Directions

Notes

_____

recipe

serves_____prep time_____cook time_____oven temp_____

Ingredients

Directions

Notes

_____
recipe

serves_____prep time_____cook time_____oven temp____

Ingredients

Directions

Notes

_____

recipe

serves_____prep time_____cook time_____oven temp_____

Ingredients

Directions

Notes

_____
recipe

serves_____prep time_____cook time_____oven temp_____

Ingredients

Directions

Notes

_____
recipe

serves_____prep time_____cook time_____oven temp_____

Ingredients

Directions

_____
_____
_____
_____
_____
_____
_____
_____
_____
_____
_____
_____
_____
_____
_____
_____
_____
_____
_____

Notes

_____

recipe

serves_____prep time_____cook time_____oven temp____

Ingredients

_____

_____

_____

_____

_____

_____

_____

_____

_____

_____

_____

_____

_____

_____

_____

_____

_____

_____

Directions

_____

_____

_____

_____

_____

_____

_____

_____

_____

_____

_____

_____

_____

_____

_____

_____

_____

_____

Notes

_____

recipe

serves_____prep time_____cook time_____oven temp____

Ingredients

_____

_____

_____

_____

_____

_____

_____

_____

_____

_____

_____

_____

_____

_____

_____

_____

_____

_____

_____

Directions

_____

_____

_____

_____

_____

_____

_____

_____

_____

_____

_____

_____

_____

_____

_____

_____

_____

_____

_____

Notes

_____

recipe

serves_____prep time_____cook time_____oven temp_____

Ingredients

Directions

Notes

_____

recipe

serves_____prep time_____cook time_____oven temp_____

Ingredients

Directions

Notes

_____
recipe

serves_____prep time_____cook time_____oven temp_____

Ingredients

Directions

_____ _____
_____ _____
_____ _____
_____ _____
_____ _____
_____ _____
_____ _____
_____ _____
_____ _____
_____ _____
_____ _____
_____ _____
_____ _____
_____ _____
_____ _____
_____ _____
_____ _____
_____ _____
_____ _____
_____ _____
_____ _____

Notes

_____
recipe

serves_____prep time_____cook time_____oven temp_____

Ingredients

Directions

Notes

_____

recipe

serves_____prep time_____cook time_____oven temp____

Ingredients

Directions

Notes

_____

recipe

serves_____prep time_____cook time_____oven temp____

Ingredients

Directions

Notes

_____

recipe

serves_____prep time_____cook time_____oven temp____

Ingredients

_____

_____

_____

_____

_____

_____

_____

_____

_____

_____

_____

_____

_____

_____

_____

_____

_____

_____

_____

_____

_____

Directions

_____

_____

_____

_____

_____

_____

_____

_____

_____

_____

_____

_____

_____

_____

_____

_____

_____

_____

_____

_____

_____

Notes

_____

recipe

serves_____prep time_____cook time_____oven temp____

Ingredients

Directions

Notes

_____

recipe

serves_____prep time_____cook time_____oven temp____

Ingredients

Directions

_____

_____

_____

_____

_____

_____

_____

_____

_____

_____

_____

_____

_____

_____

_____

_____

_____

_____

Notes

_____

recipe

serves_____prep time_____cook time_____oven temp_____

Ingredients

_____
_____
_____
_____
_____
_____
_____
_____
_____
_____
_____
_____
_____
_____
_____
_____
_____

Directions

_____
_____
_____
_____
_____
_____
_____
_____
_____
_____
_____
_____
_____
_____
_____
_____
_____

Notes